BEI GRIN MACHT SICH IHR WISSEN BEZAHLT

AF135530

- Wir veröffentlichen Ihre Hausarbeit,
  Bachelor- und Masterarbeit

- Ihr eigenes eBook und Buch -
  weltweit in allen wichtigen Shops

- Verdienen Sie an jedem Verkauf

Jetzt bei www.GRIN.com hochladen
und kostenlos publizieren

Strategische Unternehmensplanung. Ein fiktives Fitnessstudio in Rostock

Tobias Schnizler

Bibliografische Information der Deutschen Nationalbibliothek:

Die Deutsche Nationalbibliothek verzeichnet diese Publikation in der Deutschen Nationalbibliografie; detaillierte bibliografische Daten sind im Internet über http://dnb.d-nb.de abrufbar.

ISBN: 9783346505453
Dieses Buch ist auch als E-Book erhältlich.

© GRIN Publishing GmbH
Nymphenburger Straße 86
80636 München

Druck und Bindung: Books on Demand GmbH, Norderstedt Germany
Gedruckt auf säurefreiem Papier aus verantwortungsvollen Quellen

Das vorliegende Werk wurde sorgfältig erarbeitet. Dennoch übernehmen Autoren und Verlag für die Richtigkeit von Angaben, Hinweisen, Links und Ratschlägen sowie eventuelle Druckfehler keine Haftung.

Das Buch bei GRIN: https://www.grin.com/document/1133447

Deutsche Hochschule für
Prävention und Gesundheitsmanagement
Hermann Neuberger Sportschule 3
66123 Saarbrücken

Hausarbeit

Name, Vorname:	Schnizler, Tobias

Inhaltsverzeichnis

1 Darstellung der Ausgangssituation

1.1 Wahl des Standortes

Das Premium-Fitnessstudio liegt im Stadtbereich Stadtmitte (Postleitzahl, im folgenden PLZ abgekürzt, 18055 – 18059) von Rostock und hat die Adresse, Steinstraße 6, 18055 Rostock. Dieser Bereich hat mit 21.105 Einwohnern (Hanse- und Universitätsstadt Rostock, 2020) die größte Bevölkerungsdichte aller Stadtteile. An ihn grenzen die Stadtbereiche Kröpeliner-Tor-Vorstadt (PLZ 18055 – 18069), Südstadt (PLZ 18059) und Brinckmansdorf (PLZ 18055 – 18146), die mit 19.542, 14.960 und 8.406 Einwohnern ebenfalls einen hohen Bevölkerungsanteil haben. Laut der Gfk GeoMarketing GmbH (2020, S. 6) liegt der Kaufkraftindex in den oben genannten Postleitzahlen bei 104,8 (PLZ 18055), 88,3 (PLZ 18057), 90,6 (PLZ 18059), 90,0 (PLZ 18069) und 89,5 (PLZ 18146), womit jeder Bereich über einen höheren Kaufkraftindex verfügt als die Stadt Rostock insgesamt (86,2). Ein weiterer Punkt, der bei der richtigen Standortwahl eines Premium-Fitnessstudios beachtet werden sollte, ist die Arbeitslosenquote in den jeweiligen Stadtbereichen. In der Stadtmitte liegt die Quote der Arbeitslosen bei 3,3 Prozent, in Kröpeliner-Tor-Vorstadt und der Südstadt bei 3,9 Prozent und in Brinckmansdorf bei 2,2 Prozent. Die Gesamte Arbeitslosenquote der Stadt Rostock liegt bei 6,3 Prozent (Hanse- und Universitätsstadt Rostock, 2020), womit auch dieser Aspekt für den gewählten Standort spricht.

Mit dem Auto gelangt man in alle angegebenen Stadtbereiche und den Hauptbahnhof in maximal Zwölf Minuten. Zudem ist der Standort von den S- und U-Bahn Haltestellen Neuer Markt und Steintor IHK umgeben, womit es auch kein Problem ist mit den Öffentlichen Verkehrsmitteln anzureisen. Der Standort ist in folgender Karte dargestellt.

1.2 Beschreibung des Unternehmenstyps

Da ein Großteil der Bevölkerung an Rücken- oder Gelenkschmerzen leidet, wird da Fitnessstudio auf Gesundheitsorientiertes Kraft- und Ausdauertraining spezialisiert sein. Gerade aktuell in der Corona-Pandemie und dem zweiten Lockdown, hat man gemerkt, wie wichtig Kraft- und Ausdauertraining für die Gesundheit und das Wohlbefinden ist. Um

Abb. 1: Standort des Premium-Fitnessstudios, Maßstab 1:10000 (Google Maps, eigene Darstellung)

Anmerkung der Redaktion: Abbildung 1 wurde aus urheberrechtlichen Gründen entfernt.

den Status als Gesundheitsexperte auf dem Markt zu festigen, wird eine Arzt- bzw. Physiotherapiepraxis inkludiert sein, in denen medizinische Trainingsberatungen und physiotherapeutische Behandlungen durchgeführt werden können. Die Ausstattung des Studios besteht hauptsächlich aus Krafttrainingsgeräten, einem kleinen Freihantel-Bereich und Ausdauergeräten. Im Vergleich zum Freihantel Training ist die Fehleranfälligkeit der Übungsausführung bei geführten Krafttrainingsgeräten geringer, womit Ausweichbewegungen und Verletzungen vorgebeugt werden soll. Dennoch wird ein kleiner Freihantel-Bereich inkludiert, um die ambitionierten Sportler zu fordern und die Vielfältigkeit des Angebots hochzuhalten. Um den Kunden ein optimales Training zu bieten, wird der Fokus der Dienstleistung auf Personal Training liegen, so sollen die ersten drei Trainings zur Einführung und jedes 20. Training, um den Trainingsfortschritt festzuhalten, von einem Trainer persönlich begleitet werden. Für die Gesundheit ist die richtige Ernährung ebenso wichtig, wie regelmäßiges Training. Deshalb wird auch eine Ernährungsberatung angeboten. Abgerundet wird das Angebot mit einer Protein-Shake-Bar. Die Mitgliedsbeiträge liegen je nach Laufzeit zwischen 69,- und 99,- Euro.

2 Phase der strategischen Zielplanung

2.1 Unternehmerische Vision / Mission / Grundwerte

Tab. 1: Vision, Mission und Grundwerte

Vision	Mission	Grundwerte
Etablierung als stärkstes Gesundheits-Fitnessstudio in Rostock in den ersten fünf Jahren, sowohl im Umsatz als auch im Kundenstamm.	Die Kunden mit gezieltem und personalisiertem Training in eine beschwerdefreie, starke und erfolgreiche Zukunft führen.	Konzentration aufs Wesentliche, also auf das Training.
Eröffnung weiterer Studios in Rostock und Umgebung.	Über Sozial- und Fachkompetenz das Vertrauen der Kunden erlangen umso die Ziele des Kunden gemeinsam zu erreichen.	Die Dienstleistung muss stets auf höchstem Niveau sein.

4

Etablierung als Ansprechpartner Nr. 1 für Gesundheitsorientiertes Training in Rostock und Umgebung.	Zu jederzeit mit dem nötigen Fachpersonal anwesend und ansprechbar sein um den Kunden die nötige Sicherheit zugeben.	Der Nutzen für den Kunden steht im Vordergrund.

In den ersten fünf Jahren soll das Unternehmen, über die in Tab. 1 genannten Missionen zum Marktführer in Sachen Gesundheitsorientiertes Training werden. Der Kundenstamm und der Umsatz sollen möglichst hoch gesteigert werden, um über genügend Eigenkapital zu verfügen, damit eine geplante Expansion in den ersten 10 Jahren mit möglichst wenig Fremdkapital bewältigt werden kann. Das Unternehmen soll eine Marke und Ansprechpartner Nummer eins für Gesundheitsorientiertes Training in Rostock werden. Hierbei dürfen aber nie die Grundwerte vernachlässigt werden. Konzentration aufs wesentliche bedeutet, das ganz klar das Training im Vordergrund steht. Aus diesem Grund werden keine Wellness Produkte und Dienstleistungen wie Sauna oder Massagen angeboten, da dadurch der Kunden den Fokus auf das Training verlieren könnte und zum Beispiel lieber in die Sauna geht oder sich Massieren lässt. Die Dienstleistungsqualität muss von jedem Angestellten auf höchstem Niveau sein, um sowohl Intern (Kunden) als auch Extern (Interessenten und Konkurrenten) ein professionelles Erscheinungsbild abzugeben. Zu guter Letzt muss der Nutzen für den Kunden immer im Vordergrund stehen, da ohne einen entsprechenden Kundestamm die Visionen nicht erreicht werden können.

2.2 Strategische Zielplanung

Tab. 2: Strategische Zielplanung

	Ziele
1	Im ersten Jahr sollen 500 Kunden gewonnen werden.
2	Im zweiten Jahren soll das Unternehmen eine Millionen Euro Umsatz generieren.
3	Spätestens nach sieben Jahren soll ein zweites Studio im Einzugsgebiet Rostock eröffnet werden.
4	In zehn Jahren soll das Unternehmen eine Marktdurchdringung von 5% in Rostock haben

2.3 Branchenvergleich

Tab. 3: Vision, Mission und Grundwerte anderer Fitnessstudios

Kieser Training (Kieser Training AG)	
Vision	Die Vision von Werner Kieser war bzw. ist es den Menschen den Rücken zu stärken.
Mission	• Mit Qualität die Erwartungen der Kunden zu erfüllen und immer wieder zu übertreffen • Über die eigene Forschungsabteilung nach neuen Erkenntnissen suchen, um so den Nutzen für die Kunden zu maximieren • Dem Kunden maximale Trainingseffekte mit minimalen Zeitaufwand gewährleisten
Grund- werte	• Konzentration aufs wesentliche, effizientes und zeitsparendes Training • Training ohne Ablenkung in ruhiger und konzentrierter Atmosphäre
Vital-Aktiv (Vital – Aktiv Gesundheits GmbH)	
Vision	Die Vision von Vital-Aktiv ist die Gesundheit, durch ihr Angebot, in die Kleinstädte Mecklenburg-Vorpommerns zu bringen, da es laut eigener Aussage kein anderer tut.
Mission	• Die Kunden für mehr Gesundheit, mehr Vitalität und mehr Lebensfreude begeistern • Über das Trainingsangebot, Erfolge generieren, die nicht nur sichtbar, sondern auch nachhaltig spürbar sind
Grund- werte	• Die Gesundheit steht im Vordergrund • Die Gesundheit wird gemeinsam gestaltet

In Tab. 2 sind die Vision, Missionen und Grundwerte zweier weiterer Premiumfitnessstudios, die auf Gesundheitsorientiertes Training spezialisiert sind, abgebildet. Während im Vergleich mit Kieser Training, Übereinstimmungen vor allem in den Missionen und Grundwerte auftreten, ist die Vision von Vital-Aktiv eine ähnliche. Daraus lässt sich schließen, dass die in Tab. 1 dargestellten Visionen, Missionen und Grundwerte in die richtige Richtung gehen, wenn das Unternehmen als Gesundheitsorientiertes Fitnessstudio betrachtet wird.

3 Phase der strategischen Analyse und Prognose

3.1 Branchenstrukturanalyse

Tab. 4: Five-Forces-Modell (Porter, 2000, S. 29, eigene Darstellung)

Five-Forces-Modell nach Porter	
Mitbewerber	Die Bedrohung der Mitbewerber wird als hoch eingestuft. Mit Kieser Training und MedX sind zwei direkte Mitbewerber im Umfeld, die bereits bekannte Namen im Gesundheitssegment sind. Auch die EMS Studios wie Bodystreet sind eine Gefahr, da sie ebenfalls mit zeitsparenden und gesundheitsorientiertem Training werben.
Potenzielle Mitbewerber	Die Bedrohung der potenziellen Mitbewerber wird als gering eingestuft. In Zeiten der Corona-Pandemie und der damit verbunden Schließung der Fitnessstudios, sind die Markteintrittsbarrieren besonders hoch. Zudem sind in Rostock bereits eine Vielzahl an Fitnessstudios, speziell auch im Gesundheitssegment, aktiv.
Kunden	Die Verhandlungsstärke der Kunden wird als hoch eingestuft, da sie sich immer den Anbieter mit den besten Preisen oder dem besten Angebot aussuchen können.
Ersatzprodukte	Die größte Bedrohung der Ersatzprodukte geht, vor allem in Zeiten der Corona-Pandemie, von der Vielzahl der Online-Angebote aus. Durch die Schließung der Fitnessstudios, sind die Konsumenten zwangsweis auf Fitnessapps wie Freeletics umgestiegen. Auch Influencer, die ihre Trainingseinheiten zum Nachmachen auf YouTube hochladen gelten als Bedrohung, wodurch diese hier als hoch eingestuft wird.
Zulieferer	Die Verhandlungsstärke der Zulieferer wird als gering eingestuft. Die Hauptzulieferer in der Fitnessbranche sind die Hersteller von Fitnessgeräten und Nahrungsergänzungsmittel (z.B. Proteinpulver). Da es eine Vielzahl dieser gibt, kann sich das Unternehmen die Hersteller mit dem besten Angebot aussuchen, wodurch das Unternehmen eine bessere Verhandlungsposition hat.

Die in Tab. 4 dargestellte Analyse, macht deutlich, dass das Unternehmen einem erhöhten Wettbewerb ausgesetzt ist. Sowohl die Bedrohung der Mitbewerber als auch die Bedrohung der Ersatzprodukte und die Verhandlungsstärke der Kunden wurden als hoch eingestuft, weshalb eine Etablierung auf dem Markt nicht leicht wird. Die Zulieferer und potenzielle Mitbewerber dürften dabei aber keine Rolle spielen.

3.2 Zielplanung

Tab. 5: Umwelt- und Unternehmensanalyse für das Unternehmen

Stärken	• Hohe Sozial- und Fachkompetenz der Mitarbeiter (St1) • Medizinisch fundierte Trainingsplanung durch integrierten Arzt bzw. Physiotherapeut (St2) • Regelmäßige Personaltrainings und Ernährungsberatung zur optimaleren Trainingssteuerung und Einweisung zu Beginn (St3)
Schwächen	• Keine (Online-) Kurse (Sc1) • Keine Studenten oder Schüler Tarife (Sc2) • Bekanntheitsgrad ist niedrig da das Unternehmen neu am Markt ist (Sc3) • Nur langfristige Laufzeiten, was Interessenten, die erstmal nur testen wollen, abschrecken könnte (Sc4)
Chancen	• Kooperationen mit Kliniken, Ärzten, Universitäten, Hochschulen und Krankenkassen (C1) • Zunehmendes Körper- und Gesundheitsbewusstsein der Menschen (C2) • Das Unternehmen kann sofort bei Eröffnung mit den neuesten Fitnesstrends und Innovationen auf dem Markt aktiv werden (sofern es mit dem Konzept und Grundwerten übereinstimmt) (C3)
Risiken	• Interessentenzahl zu gering, da in Pandemie Zeiten das Training und die Kurse verstärkt zuhause gemacht wird (R1) • Die namhafte Konkurrenz wie Kieser Training und MedX könnte potenzielle Kunden abgreifen (R2) • Spezialisierung auf Gesundheitsorientiertestraining könnte jüngere Interessenten abschrecken, da der Eindruck vermittelt werden könnten das Studio ist nur für Personen mit Beschwerden oder ältere (R3)

Tab. 6: SWOT-Analyse (eigene Darstellung)

SWOT-Analyse	Chancen	Risiken
Stärken	S-O-Strategien: • Das medizinische Fachpersonal (St2) kann mit Krankenkassen, Kliniken oder anderen Ärzten (C1), von Kollege zu Kollege Kooperationen aushandeln.	S-T-Strategien: • Durch die hohe Sozial- und Fachkompetenz sowie Dienstleistung (St1), kann man sich von der Konkurrenz abheben und ein Abgreifen der

	• Über das Personaltraining und die Ernährungsberatung (St3) können Interessenten mit zunehmende Körper- und Gesundheitsbewusstsein (C2) einfacher und überzeugender an das Fitnessstudio gebunden werden.	Kunden (R2) somit verhindern. • Über die Qualität der Personaltrainings und Erhnährungsberatung (St3) kann man sich von der Konkurrenz abheben um auch so ein Abgreifen (R2) zu verhindern.
Schwächen	**W-O-Strategien:** • Indem man versucht Kooperationen (C1) zuschließen kann der Bekanntheitsgrad (Sc3) des Unternehmen erhöht werden. • Im Zuge neuer Fitnesstrends (C3) wie Homeworkouts in Pandemiezeiten, kann das Unternehmen Online-Kurse (Sc1) anbieten um eine weitere Zielgruppe zu erschließen.	**W-T-Strategien:** • Durch die Einführung von Online-Kursen (Sc1) können Personen, die aufgrund der Pandemie zuhause trainieren (R1), als Kunden gewonnen werden. • Durch die Einführung von Studenten- und Schülerverträgen (Sc2) können jüngere Personen ins Studio gelockt werden, um diesen dann zu zeigen, dass das Konzept nicht nur für Alte und Kranke Personen ist (R3)

3.3 Zielplanung

Aufgrund der in 3.1 und 3.2 durchgeführten Analysen, werden die in Tab. 2 aufgeführten Ziele als anspruchsvoll, aber realistisch betrachtet. Die Ziele beziehen sich hauptsächlich auf das Wachstum des Unternehmens und die Konkurrenz im Marktgebiet ist groß. Durch das Angebotsspektrum des Fitnessstudios hebt man sich allerdings von den Mitbewerbern ab. Beispielsweise gib es im Kieser Training keine Ausdauergeräte, Freihantelbereich und Ernährungsberatung, wodurch eine größere Zielgruppe erschlossen werden kann und die Ziele als realistisch eingestuft werden.

9

4 Phase der Strategieformulierung

4.1 Strategieformulierung

Als Strategie auf Unternehmensebene wird zunächst die Marktdurchdringung, also die Wachstumsstrategie gewählt. Hierfür soll das Unternehmen seine Stärken aus Tab. 5 dazu einsetzen, Kooperationen mit zum Beispiel Krankenhäusern, Hausärzten oder Orthopäden aber auch Krankenkassen zu schließen. Dadurch sollen die Ziele aus Tab. 2 systematisch eins nach dem anderen erreicht werden, indem zum einen die Ärzte und Physiotherapeuten ihren Patienten, nach abgeschlossenen Behandlungen, unser Unternehmen als nächsten Schritt für langanhaltende Gesundheit empfehlen. Zum anderen sollen die Krankenkassen ihren Mitgliedern anbieten, einen Teil der Mitgliedsbeiträge im Fitnessstudio zu übernehmen, wenn sie unser Unternehmen als Trainingspartner wählen. So sollen unter anderem Neukunden gewonnen und Kunden der Konkurrenz abgeworben werden, um die eigene Position auf dem Markt zu stärken.

Zudem wird die Leistungsentwicklungsstrategie angewendet, indem den bestehenden Leistungen, Online-Kurse wie zum Beispiel Rückengymnastik hinzugefügt wird. Dadurch sollen potenzielle Neukunden erreicht werden, die sich, aufgrund der Corona-Pandemie, den Schritt ins Fitnessstudio noch nicht trauen.

Auf Geschäftsbereichsebene wird die Differenzierungsstrategie angewendet. Der Unique Selling Point des Unternehmens ist ein Fitnessangebot, das unter anderem mit Personal Training, einer Ernährungsberatung und einer medizinischen Trainingsberatung, die Bedürfnisse der Zielgruppe vollumfänglich erfüllt. Die Qualität der Ausstattung und der Dienstleistung sind in sämtlichen Bereichen auf höchstem Niveau, womit die Qualitätsführerschaft erreicht werden soll.

4.2 Blue-Ocean Strategie

Das Unternehmen erzeugt einen blauen Ozean, indem es das Gesundheitsbewusstsein mit Umweltbewusstsein und Klimaschutz kombiniert. So soll, die von den Kunden auf den Laufbändern, Ergometern und Rudergeräten erzeugte Energie, in Strom umgewandelt werden, womit sich das Studio dann teilweise selbst versorgt. So können die Kunden sich fit und gesund halten und gleichzeitig einen kleinen Beitrag zum Klimaschutz leisten. Die Stromkosten, die sich das Unternehmen dadurch möglicherweise spart, werden dann an Umweltorganisationen gespendet. Auf den Trainingsgeräten soll ersichtlich sein, wie viel

Strom die Kunden im Training erzeugt haben, um für zusätzliche Motivation zu sorgen. Zudem können sich die Kunden über ein eigenerstelltes und freiwilliges Profil an den Geräten anmelden, damit die gesamte Stromerzeugung pro Kunde festgehalten werden kann. Mit diesen Daten wird jeden Monat ein Gewinnspiel ausgerichtet, bei dem es für die ersten drei Plätze lohnende Preise gibt. Auch dadurch soll die Motivation, sich auf die Ausdauergeräte zu begeben, gestärkt werden. Das Unternehmen hinterlässt damit seinen grünen Fußabdruck in Rostock und sorgt gleichzeitig für eine positive Außendarstellung.

5 Personalmanagement

5.1 Führungsverhalten

Von der Führungskraft wird zum einen ein Visionärer Führungsstil erwartet, da dieser sich laut Goleman (2000, S. 78 ff.) besonders gut in Situationen eignet, in denen eine klare Orientierung und Standards notwendig sind. Bei einer Neueröffnung kann dies nur von Vorteil sein. Des Weiteren eignet sich dieser Stil, um die Mitarbeiter anzuspornen, die Visionen und Ziele des Unternehmens zu erreichen (Goleman, 2000, S. 78 ff.). Zum anderen soll der Coachende Führungsstil angewendet werden, um den Mitarbeitern zu helfen ihre Leistungen zu steigern und langfristige Stärken zu entwickeln (Goleman, 2000, S. 78 ff.). Sollte es im Unternehmen mal nicht so gut laufen, wird aber auch ein Direktiver Führungsstil erwartet, um dem Turnaround aus der Krise zu schaffen.

Voraussetzungen für diese drei Stile der Führung sind, dass die Führungskraft über Empathie, Selbstvertrauen, Kommunikationsvermögen und Tatendrang verfügt (Goleman, 2000, S. 78 ff.).

Die Führungskraft sollte einen unerschütterlichen Willen haben, im Sinne des Unternehmens handeln, eine hohe positive Energie ausstrahlen, lösungsorientiert Arbeiten und über ein hohes Maß an Teamfähigkeit verfügen. Dies sind unter anderem Charaktereigenschaften, die laut Collins (2016, S. 89-90) einen Topmanager ausmachen.

5.2 Recruiting

Im Rahmen des Recruiting-Prozesses werden zunächst einmal die Bewerbungsunterlagen analysiert, um dabei insbesondere das Anforderungsprofil abzugleichen (Wöhe & Döring, 2010, S. 136). Hierbei kann vor allem überprüft werden, ob eine Übereinstimmung in der fachlichen Kompetenz vorliegt.

Die ausgewählten Bewerber, werden dann zum Bewerbungsgespräch eingeladen. Hier soll überwiegend mit Vergangenheitsbezogenen Fragen gearbeitet werden, um zu überprüfen, ob der Bewerber die acht Kompetenzen mit sich bringt, über die eine Top-Führungskraft verfügen sollte (Fernández-Aráoz, 2014, S.30). Diese sind die Strategische Ausrichtung, Marktkenntnis, Ergebnisorientierung, Kundenorientierung, Kooperation und Einfluss, Weiterentwicklung des Unternehmens, Teamführung und Führung in Veränderungssituationen.

Im nächsten Schritt durchlaufen die Bewerber ein Assessment-Center, in dem geprüft wird, ob die potenziellen Führungskräfte, über die in 5.1 beschriebenen Charakteristika und Persönlichkeitsmerkmale verfügen. Hierfür werden die „Postkorb-Methode" und die führerlose Gruppendiskussion gewählt, da diese sich laut Dincher (2003, S. 140) besonders gut dafür eignen, um zum einen Probleme zu lösen, Prioritäten zu setzen und mit Stresssituationen fertig zu werden (Postkorb-Methode) und zum anderen die Teilnehmer im Hinblick auf die mündliche Kommunikationsfähigkeit, Selbstvertrauen und Durchsetzungsfähigkeit zu bewerten (führerlose Gruppendiskussion).

Zum Schluss des Recruiting-Prozesses, soll mit gezielten Fragen, die Motivation, die Neugier, der Scharfblick, das Engagement und die Entschlossenheit der Bewerber überprüft werden, da dadurch das Potenzial erkannt werden kann ((Fernández-Aráoz, 2014, S.24-25). Zu dem wird während des Gesamten Prozesses versucht, durch die Analyse der Antworten und der bisherigen beruflichen Erfahrungen des Bewerbers, die Intelligenz und die Werte in Erfahrung zu bringen (Fernández-Aráoz, 2014, S.30). Nur wenn die Wertevorstellungen von Bewerber und Unternehmen zusammenpassen, ist eine erfolgreiche Zukunft möglich.

6   Literaturverzeichnis

Collins, J. (2016). Firmenchefs brauchen kein überzogenes Ego. *Harvard Business Manager Edition,* (1), 85-97.

Dincher, R. (2003). *Personalwirtschaft* (2., neu bearbeitete und erweiterte Aufl.). Neuhofen Forschungsstelle für Betriebsführung und Personalmanagement e. V.

Fernández-Aráoz, C. (2014). Talentmanagement im 21. Jahrhundert. *Harvard Business Manager,* (08), 18-31.

GfK GeoMarketing GmbH. (2020). *Statistische Nachrichten. Kaufkraft in Rostock 2020.* Zugriff am 09.03.2021. Verfügbar unter
https://rathaus.rostock.de/media/4984/HRO%20Kaufkraft%202020.pdf

Goleman, D. (2000). Leadership that gets results. *Harvard Business Review,* (März – April), 78-90.

Hanse- und Universitätsstadt Rostock. (2020). *Hanse- und Universitätsstadt ROSTOCK: Stadtbereichskatalog.* Zugriff am 09.03.2021. Verfügbar unter
https://rathaus.rostock.de/Statistik/Stadtbereichskatalog/atlas.html

Hanse- und Universitätsstadt Rostock. (2020). *Kaufkraft und Einzelhandelskaufkraft.* Zu griff am 09.03.2021. Verfügbar unter
https://rathaus.rostock.de/de/rathaus/rostock_in_zahlen/ausgewaehlte_eckdaten/wirt-schaft/kaufkraft_und_einzelhandelskaufkraft/276723

Kieser Training AG. Zugriff am 06.04.2021. Verfügbar unter
https://www.kieser-training.de

Porter, M. E. (2000). *Wettbewerbsvorteile. Spitzenleistungen erreichen und behaupten* (6. Aufl.). Frankfurt: Campus.

Vital – Aktiv Gesundheits GmbH. Zugriff am 06.04.2021. Verfügbar unter
https://www.vitalaktiv.fit

Wöhe, G. & Döring, U. (2010). *Einführung in die allgemeine Betriebswirtschaftslehre* (24., überarbeitete und aktualisierte Aufl.). München: Vahlen. Verfügbar unter
http://www.worldcat.org/oclc/863954010

7 Abbildungs- und Tabellenverzeichnis

7.1 Abbildungsverzeichnis

7.2 Tabellenverzeichnis

BEI GRIN MACHT SICH IHR WISSEN BEZAHLT

- Wir veröffentlichen Ihre Hausarbeit, Bachelor- und Masterarbeit

- Ihr eigenes eBook und Buch - weltweit in allen wichtigen Shops

- Verdienen Sie an jedem Verkauf

Jetzt bei www.GRIN.com hochladen und kostenlos publizieren